動画で見る 菊池学級の子どもたち

言葉で人間を育てる

菊池省三 [著・撮影]

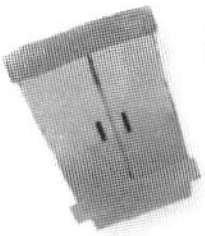

中村堂

はじめに

「菊池学級のあたたかい空気感を体感できたことがうれしい」
「文字だけでは分からない菊池学級の雰囲気が素敵でした」
といったお言葉を、教室を参観された方からいただくことがあります。担任をしていて、これ以上ない「ほめ言葉」だと思い、そのたびに子どもたちに感謝しています。

「菊池学級を参観したいのですが、勤務の関係でできなくて・・・」
「いつか菊池学級に行きたいのですが、遠くて時間が・・・」
といったお声を、耳にすることも最近は多いです。同業者として、そのご事情やお気持ちは十分分かります。申し訳ないと思いつつ、「ともに学び合いたい」という気持ちを常に持っていました。

私は、20年ほど前から、コミュニケーション力の指導に力を入れてきました。この指導は、従来の教え込む指導と違って、子どもたちの人間形成においてとても重要なことであると確信していたからです。これからの子どもたちにとって、学び合いの中で育つこの力は、絶対に必要であると判断していたからなのです。
　私のこの考え方は、残念ながら認められない時代が長く続きました。平成24年に放送されたNHKの「プロフェッショナル仕事の流儀」の中にもあったように、一部の教師からは「異端児」扱いされたこともありました。

　しかし、最近では全国から講演依頼をいただき、お話をさせていただく機会も増えました。学び合う中で育っていくコミュニケーション力の重要性が認められてきたからだとうれしく思っています。

　1年間で100回以上行う講演会では、画像や映像をお見せして教室の事実をできるだけリアルにお伝えしようとしています。

理由は、２つあります。
　１つ目は、事実を示すことが、実践者である担任としての使命だと思っているからです。常に、目の前の子どもたちの事実で勝負したいと考えているからなのです。このことは、理想や理論だけを述べられる方たちとの戦いの２０年だったことを考えると、どうしても譲れないことでもあったのです。
　２つ目は、コミュニケーション指導に関することは、文字だけでは伝えられないという思いがあったからです。話し手の表情や口調といったものや、聞き手の目線や体の向きといったもの、その時の教室全体の空気感や雰囲気といったものは、文字だけの説明だけでは伝えられないからです。

　一人の実践者として、自分の教室の事実を「動画」という形で世に問えることをうれしく思っています。
　おそらく、このような形で教室の事実を示すということは、日本では初めてではないかと思います。

　リアルな菊池学級の空気感や雰囲気を感じていただきたいと思っています。
　本著が、これからの子どもたちに必要なコミュニケーション力の指導の広がりに少しでも役立てば幸せです。

　２０１４年６月２７日

　　　　　　　　　　　　　　　　　　　　　　　　菊池　省三

もくじ

はじめに …………………………………………………… 2

第1章　動画で見る　菊池学級の子どもたち ………… 7

第2章　解説　動画で見る　菊池学級の子どもたち …… 15

 scene01
 「ほめ言葉のシャワー」の進め方 ………………… 16

 scene02
 進化する「ほめ言葉のシャワー」① ……………… 20

 scene03
 進化する「ほめ言葉のシャワー」② ……………… 24

 scene04
 言葉で人間を育てる ………………………………… 28

 scene05
 質問タイム－すべて「はい」………………………… 34

 scene06
 白熱の「話し合い活動」……………………………… 38

 scene07
 ディベートで相手のよさを見つける ……………… 42

scene08
「係活動」で自分らしさを発揮する ………………… 48

scene09
言葉で育った子どもたちの事実 ……………… 52

scene10
「ほめ言葉のシャワー」は、心を開ける鍵 ………… 56

おわりに ………………………………………… 60

第1章 動画で見る 菊池学級の子どもたち

第1章 動画で見る 菊池学級の子どもたち

ようこそ、菊池学級へ。

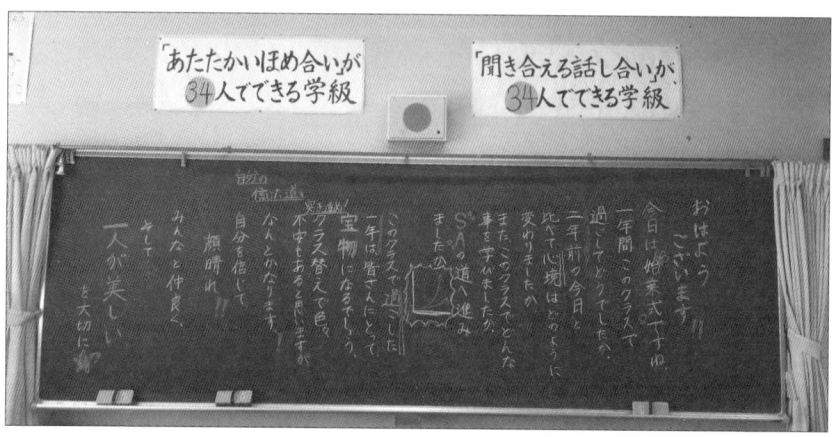

　菊池学級の子どもたちを、約2時間の動画で紹介します。
　言葉を大切にし合い、無邪気に子どもらしく成長しようとしている姿を感じ取っていただけるとうれしいです。

(1)お互いに理解し合う「質問タイム(ミニライフヒストリー)」
　毎朝行っている活動です。

　その日のほめ言葉のシャワーを浴びる子どもが前に出て、全員からの質問を受けるという取り組みです。
　口火を切った質問に関係することをどんどんつなげて聞いていきます。例えば、「あなたの趣味は何ですか？」といった質問からスタートして、全員で質問をつなげていくのです。質問のポイントは、「相手のよさを引き出す」ということです。年間5巡程度行うことになります。
　お互いに深く理解し合うことができる活動です。

（2）お互いを認め合う「ほめ言葉のシャワー」

　1日の終わりに毎日行っている活動です。
　その日の主人公の友達を全員でほめる取り組みです。菊池学級の名物となっている取り組みです。
　お互いのよさを認め合い、みんなで成長していこうといった子どもが育ってきます。
　現在(平成26年)の学級はもちろん、過去の菊池学級の様子もお見せします。

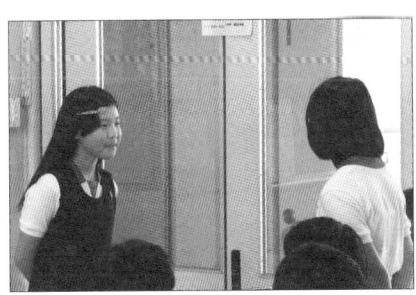 

（３）お互いの自分らしさを発揮し合う「係活動」

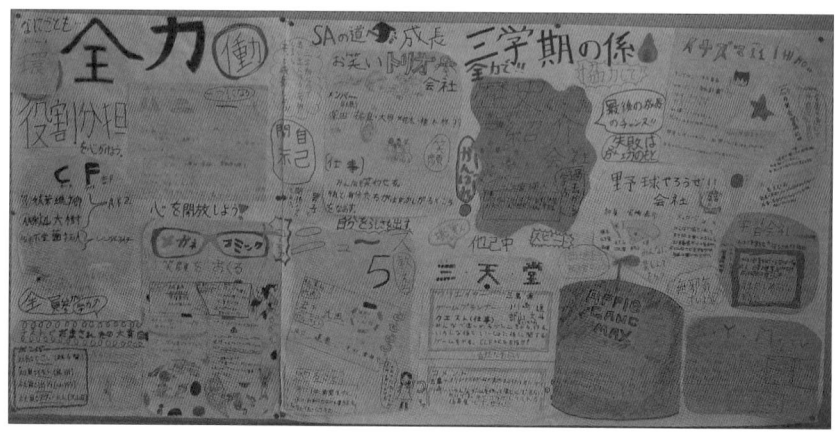

　写真は、平成25年度の菊池学級3学期の係ポスターです。14個の係がありました。

　自分の得意分野で活動させるようにしています。そこには自分らしさがあるからです。

　活動が軌道に乗り始めると、ちょっとした隙間時間も使って子どもたちは活動しています。10分間程度のミニ集会を楽しむ子どもたちの姿がそこにはあります。

(4) お互いを尊重し合う「話し合い学習」

　コミュニケーション活動を全ての指導の中で大切にしています。ペアや小グループ、学級全体といったさまざまな形態で行います。キーワードは、「相手軸」です。
　子どもたちには、つぎの2つの「公式」を教えています。

公式1　コミュニケーション力＝（内容＋声＋態度＋α）×相手軸
公式2　対話力＝話すこと×聞くこと

　そして、2つの「解」が学習にはあると理解させています。「絶対解」と「納得解」です。子どもたちは、「絶対解」の話し合いよりも、「納得解」の話し合いの方が好きなようです。「納得解」を求めて白熱した話し合いを楽しんでいます。

第1章　動画で見る 菊池学級の子どもたち ◆

（5）お互いを成長させ合う「ディベート学習」

　２０年近く前から菊池学級ではディベート学習を年に数回行っています。子どもたちは、とても喜びます。そして、ディベートのもつ一つ一つのルールの意味や価値を知っていきます。

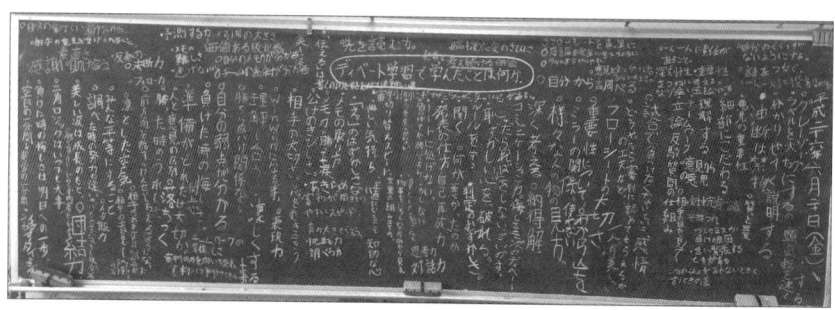

　上の写真は、平成26年度の6月下旬の「白い黒板」です。「ディベート学習で学んだことは何か」というテーマで書かせて出来上がった黒板です。

1．相手の意見を受け入れること
2．感謝
3．助け合い
4．反発力
5．決断力
6．フォロー力

7．空白の1分間→黄金の1分間
8．負けた時の悔しさは、明日への一歩
9．勝ち負けにこだわらず、内容にこだわる
10．三角ロジックはいつでも大事
11．美しい涙は、成長のもと
12．調べた時の努力の違い
13．みんな平等にすること
14．凛とした空気
15．人と意見の区別

16．相手の意見も納得する
17．相手のおかげでいい試合ができる

などといった114個の学びが書かれています。論理的な思考力だけではなく、違う立場の他者との関わり方なども学び合っているようです。

　以上のような内容以外にも、教室を飛び出した子どもたちの様子も入っています。教員を対象としたセミナーに参加した子どもたちの様子です。

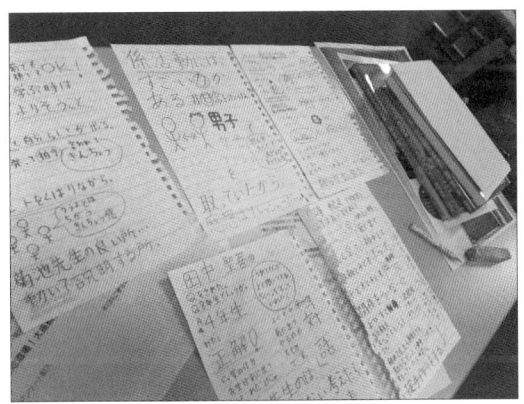

　左の写真は、菊池道場主催のセミナーに参加していた子どものメモです。大人顔負けの学びを楽しんでいます。

　模擬授業にも参加して、自分の意見を述べたり、大人の意見に耳を傾けたりしているのです。

　セミナーの最後は、参加された大人からの質問に答える「質問タイム」を恒例としています。そこにも菊池学級の事実があります。

　以上のような菊池学級の内容をお届けいたします。もちろん私自身も学び続けている教師の一人です。まだまだ不十分なところもたくさんあります。下の写真は、あるアンケートに答えた子どもが書いたものです。

　これからも子どもたちと学び続けていく覚悟です。

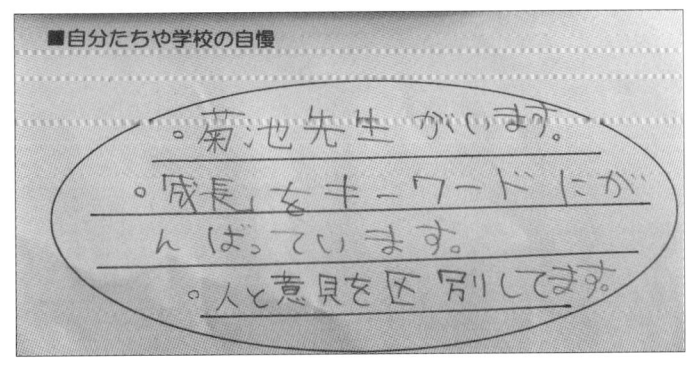

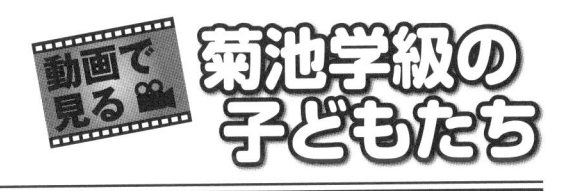

第2章 解説 動画で見る 菊池学級の子どもたち

第2章 動画で見る 菊池学級の子どもたち scene01

「ほめ言葉のシャワー」の進め方

平成26年度福岡県北九州市立小倉中央小学校6年1組
中村愛海さんの「ほめ言葉のシャワー」

　最初に、コミュニケーション力をつけ、子どもたち同士の安定した人間関係を作るために私が取り組んでいる「ほめ言葉のシャワー」の様子をご覧いただきたいと思います。

　これは、2014年5月9日に、北九州市立小倉中央小学校6年1組で行われた中村愛海さんの「ほめ言葉のシャワー」です。

　中村さんは、この前の年の5年生のときも私が担任をしていましたので、1年間「ほめ言葉のシャワー」を経験しています。「ほめ言葉のシャワー」の基本的な進め方をまとめたいと話したところ、その経験を生かして、スタート時からだんだん進化していく過程を、約20分の1回の中に、見事に表現してくれました。

　「ほめ言葉のシャワー」とは、一人ひとりのよいところを見つけ合い伝え合う活動です。一人1枚「日めくりカレンダー」というものを描き、その日を描いた子が帰りの会で教壇に上がり、残りのクラス全員から「ほめ言葉」の「シャワー」を浴びるという、私自身が開発した活動です。

　クラスの人数にもよりますが、年間で4〜5回程度行います。30人学

級であれば、1回で、一人に対して30人(教師を含む)がほめ言葉を発言し、1巡では30人行うので、30×30の900個になります。

　それを1年間で4回行えば、900×4の3600個となります。それだけの数の「ほめ言葉」が教室にあふれることになります。「ほめ言葉のシャワー」が終わると、主役の友達への拍手が自然と起こり、教室の雰囲気がやわらかくなり、笑顔があふれるようになります。

　こうして、クラスの中の人間関係の土台を少しずつ作っていくのです。
　具体的な手順を、映像と合わせて紹介します。

> ①主人公は教壇に立ちます。
> ②自由起立で、つぎつぎと「ほめ言葉」を語っていきます。
> ③主人公は、ほめてくれている相手を、しっかりと見ます。
> ④ほめてくれた相手に「ありがとうございます」とお礼を言います。
> ⑤全員の「ほめ言葉」が終わったところで、主人公は、感想とお礼を言います。
> ⑥全員で拍手をして終わります。

　以上が基本の流れですが、映像の中にもあるように、続けていくとさまざまな進化が見られます。

①最初は、主人公は教壇に立ったまま動かないで「ほめ言葉」を聞いていますが、相手の話をもっと近くで聞きたいという気持ちから相手により近づこうとして、教壇を中心に左右に動き始めます。さらに、一歩前に出たり、机の間を分け入ってほめてくれている人の目の前までやってきたりします。まさに、人間関係の距離の縮まりが表れているのだと思います。

②お礼のあいさつも、「ありがとうございます」から、「〇〇君、ありがとうございました」と、相手の名前を入れてお礼を言い、心情的により近づいてきます。言葉だけではなく、握手をする児童も出てきます。さらには、相手の「ほめ言葉」についてのコメントを返すようにもなります。形式的に行っている「ほめ言葉のシャワー」ではなく、相手の言葉を理解して、言葉をとおしてお互いの関係づくりをしているのです。

③友達同士のやりとりを聞くだけではなく、その内容をノートに記録している児童も出てきます。「端的に話そう」という指導をしたあと、一人ひとりの話している時間をストップウォッチで計る子もいました。このあとの映像でご覧いただけます。

④主人公の最後の感想も、最初は「うれしかったです」「ありがとうございました」といった一言で終わることが少なくありません。中には、うれしさのあまりに泣き出して言葉が出ない子どももいます。慣れてきたところで、「型」や「例」を示してあげると少しずつ長く話せるようになってきます。

⑤主人公が、最後に感想を述べた後、全員で拍手をしますが、ときとして、スタンディングオベーションも湧き起こります。

　このような進化を、無理に仕組む必要はありません。これらの兆しが見えたときに、そのことを価値付けて指導をすると、「ほめ言葉のシャワー」は、よりよいものへと変化していきます。
　コミュニケーション力あふれる教室に必要な安定した土台が、「ほめ言葉のシャワー」によって築かれていきます。

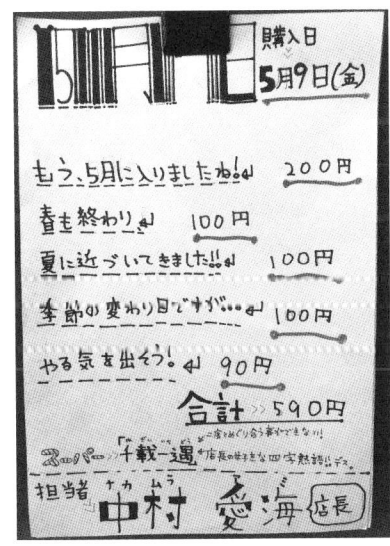

中村さんの作った「日めくりカレンダー」

第2章 動画で見る 菊池学級の子どもたち scene02

進化する「ほめ言葉のシャワー」①

平成22年度福岡県北九州市立貴船小学校6年1組
谷口勇樹君の「ほめ言葉のシャワー」

　この動画は、谷口勇樹君の「ほめ言葉のシャワー」の成長の過程が分かる3回分を追ってみようというものです。「ほめ言葉のシャワー」の4巡目、5巡目、6巡目が映っています。具体的な年月日は以下のとおりです。

　4巡目　2010年10月22日
　5巡目　2010年12月15日
　6巡目　2011年2月21日

　谷口君は、とてもまじめな男の子ですが、線が細いというか、ちょっと神経質なところのある児童でした。背筋を伸ばして聞く姿勢から、彼のまじめさが伝わってきますね。

　平成22年度の貴船小学校の6年1組というクラスは、自分の中でもとても思い出が多く、ある意味、完成形ができたクラスだと思っています。この後の、scene03とscene10も、そのときのクラスの映像です。

　「ほめ言葉のシャワー」を、クラスの一人ひとりが大事にして、自分たちの「ほめ言葉のシャワー」を、それぞれが創り上げていったと思っています。

　ほめられる児童は、まず中央の教壇に立つわけですが、もっとよく聞きたいと思うと、黒板の前を左右に動いて、少しでも近くで聞こうとします。さらに、その気持ちが高まると、ほめてくれる友達のすぐ近くに寄っていくようになります。まず、その距離の縮まりを、この約2か月の期間の中での谷口君の成長の姿として見ていただきたいと思います。
　このときのクラスは26人でしたので、机と机の間が空いていて、自由に教室を行き来できるという条件のよさもありました。
　「ほめ言葉のシャワー」を行う際に、子どもは動かない方がよいとか、いや動くのがよいとか、言われることがあります。私は、それぞれの教室の環境や条件があって、さらに子どもの状況もいろいろ違うわけですから、学級の数だけ、先生の数だけさまざまなスタイルがあってよいと思っています。
　目的は、子どもたちが安心できる学級を作ることであり、自分のことを大好きだと思える子どもたちに育てることなのですから。
　また、この年の「ほめ言葉のシャワー」の中で、友達の「ほめ言葉」に対して「ありがとうございます」だけではなく、コメントを最初に返し始めたのがこの谷口君でした。その場で、言われたほめ言葉に対し、瞬時にコメントを返すということは大人でも難しいことです。谷口君は、一人ひとりに対し、的確に感謝のコメントを返しています。

　「ほめ言葉のシャワー」の取り組みを始めると、子どもたちの高まりとして、何をほめるかという内容的なことと、どのように聞くかという姿勢の変化が出てきます。
　コメントを返すということは、それらのさらに向こう側に到達しているということだと思います。自分自身に自信をもてるようになり、クラスのみんなが落ち着いてきて、友達関係が本当によくなってきたから、「もうちょっと…」という気持ちの発露として、近づいて行ったり、コメントをしたりということが、ごく自然に出てくるのではないかと思います。
　私自身の「ほめ言葉のシャワー」の長い取り組みの経験の中で、「コメント返し」をしたのは谷口君が初めてです。
　さらに2か月後の6巡目では、谷口君が友達に両手を差し出して握手をしています。距離が縮まり、コメントを返し、握手をする、そんなクラスに2月の終わりに6年1組はなりました。
　こうした素晴らしいクラスができたわけですが、この学校の地域は今から考えると、正直なところ本当にこわかったです。学区が、北九州の中でも危険な地域でした。当然、そうした地域の背景は、子どもたちの生活に直接反映し、成長に大きな影響を与えているわけです。子どもたちと向かい合うということは、必然的に地域とも向かい合うことになりますが、緊張の連続でした。

最初に4月に出会ったときの子どもたちはさまざまでした。授業中いつも動いている子が、今日は静かにしているなと思ってみると寝汗をかきながら寝ていたり、運動シューズではなくサンダルのまま学校に来る子がいたり、一方で人間関係に悩みながら頑張りたいという気持ちをもちながら立ち止まっている子がいたりという状況でした。

　でも、この6年1組の子どもたちは、自分たちの間に上下関係を作らなかったのです。それまでの人間関係をリセットして、「ほめ言葉のシャワー」を一つの軸として、見事に「ほめ言葉のシャワー」を大切に育てあげてくれました。

　距離感、言葉かけ、スキンシップ、聞き合う姿勢、態度といったさまざまなことを完成させていきました。時間は多少かかったかもしれないけれど、少しずつ確実に進んでいってくれた26人でした。

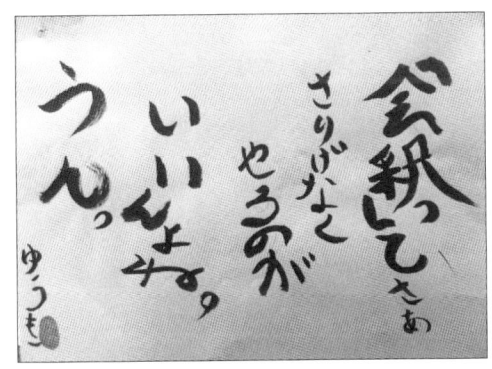

谷口君の「価値語」

6年1組の「熟議」

第2章　動画で見る 菊池学級の子どもたち ◆

第2章 動画で見る 菊池学級の子どもたち scene03

進化する「ほめ言葉のシャワー」②

平成22年度福岡県北九州市立貴船小学校6年1組
坂本風さんの「ほめ言葉のシャワー」

　この映像も、平成22年度の貴船小学校6年1組のものです。
　この年の「ほめ言葉のシャワー」は素晴らしい進化を遂げたわけですが、そのときのクラスの核となった一人の「ほめ言葉のシャワー」をご覧いただきたいと思います。坂本風(ふう)さんといいます。
　今年(平成26年)3月には、当時の子どもたちも貴船小学校の隣にある白銀中学校を卒業しました。そこでPTA会長をされていた方から、皆が立派に成長しての卒業式だったこと、中でも坂本さんが中心に頑張っていたことなどを聞きました。とても、うれしく思いました。
　それまではきちんとしていた子どもたちが、クラス担任が変わると、学級が崩れてしまったという話をときどき聞きます。教師と子どもの関係だけの学級づくりでは、そうしたことが起こるのもある意味必然です。子ども同士の人間関係づくりが大切だと考えることは、いつまでも子どもたちと寄り添えない教師の宿命として、何ができるかを考えたときの当然の結論でもあるわけです。

坂本風さんは、6年生で私が担任したクラスになった6月の「成長ノート」につぎのように書いています。

> 「成長ノートNo.2　坂本風」（6月30日）
>
> 　私は4年生のときに10か月ほど無視されていた。クラス全員に。死のうとも思った。だけど今の時間を持っているということは、存在があるということ。（中略）いじめは犯罪である。人の心をおとしめて死にいたらせてしまう。もし死んでしまったら（いじめが原因で）それは殺人と同じでないかと思う。私はされた側です。被害者であり、証人です。

　4年生のときの坂本さんは、女子小学生の間によく見られる弱い者同士が結びつき、グループを作ることに嫌悪感を抱いていたようです。彼女は群れることを嫌って、中立を保ち、次第に仲間から疎まれ始めます。そして、とうとう「いてもいなくてもよい存在」となり「死のう」と思うところまで、自分を追いつめてしまいました。

　毎年4月に始まる新年度には、こうしたさまざまな事情を抱えた子どもたちが集まり、新しい学級としてスタートします。平成22年4月にスタートした菊池学級は、かなり多くの問題を抱えていましたが、今になって振り返ってみたときに、最も大きく成長したクラスだったのではないかと思っているのです。

　私は子どもたちに、一人ひとりが社会（公）に生きる人として「価値あること」とは何かを粘り強く伝え、私が子どもたちをほめることで価値ある行為を具体的に伝えていきました。

　子どもたちは、そんな私の指導に呼応して、集団の中の自分を実感として理解し、友達とは「ほめ言葉のシャワー」をとおして認め合い、励まし合う関係を作っていきました。

　最初の映像は、2010年10月12日の3巡目の「ほめ言葉のシャワー」です。坂本さんのまっすぐに立った姿勢、友達を見る視線、フルネームにさんづけをして「ありがとうございます」とお礼を言う様子、腰を折って礼儀正しくお辞儀をしている姿、すべてに彼女の深い決意を感じます。

　坂本さんは、過去の辛い体験をリセットして、「ほめ言葉のシャワー」を大切にして成長したいという気持ちにあふれていました。「ほめ言葉のシャワー」だけでなく、「成長ノート」や「私の本」への取り組みなど、すべての場面で「成長」をキーワードに、真剣に向かい合っていました。

　この日の「ほめ言葉のシャワー」の最後では、5点にわたっての感想を述べていますが、その内3つで四字熟語のことを語っています。四字熟語をとおして、「ほめ言葉のシャワー」の質を高め、クラスを高めていきたいと、この10月の段階では考えていたようです。

　2011年3月3月の坂本さんにとって6巡目の「ほめ言葉のシャワー」の映像です。このときに彼女は、ほめ言葉を言ってくれた友達に「ありがとうございます」という挨拶だけでなく、ハグをするという行動に出ました。女の子だけでなく、男の子に対してもしている様子がご覧いただけると思います。男の子はもちろん、女の子も、驚いてちょっと腰が引けているのが分かります。

　3月になり、小学校卒業を目前にした段階で、坂本さんはクラスの皆と「ハグする」ことによって、クラスの一人ひとりを確認し、感謝していたのではないかと思います。
　最後に、5つの感想を述べていますが、その中でつぎのように語りました。
「『ほめ言葉のシャワー』という存在がこんなに大きかったのか、ということです。(中略) 私は、6年生になって『ほめ言葉のシャワー』に出会えて、本当によかったと思っています。(中略) こういう場では、一人が成長するのではなく、皆で成長していきます。その成長のドラマを私は今

までずっと観てきました。これからも少ない時間ですが、成長の劇を観ることができます。私は、その成長の劇をとおして皆と楽しく学ぶことができました。」

第2章 動画で見る 菊池学級の子どもたち scene04

言葉で人間を育てる

平成25年度福岡県北九州市立小倉中央小学校5年1組
岩下流風さんの「質問タイム」と「ほめ言葉のシャワー」

　ここでは、朝の「質問タイム」と、帰りの会の「ほめ言葉のシャワー」を見ていただきながら、その前後の岩下流風さんの成長の過程、この一日の取り組みに対する決意の様子、それをとおしての成長の姿を紹介したいと思います。

　岩下さんは、お父さんと二人で暮らしています。お父さんは、小さな魚屋さんを営んでいて、昔ながらの寡黙な職人さんタイプの方です。お母さんが亡くなられたときのお通夜に、自分も参列させていただきましたが、お父さんは一言もしゃべられませんでした。お母さん方の親戚の人たちがお父さんに、「献身的な看病ありがとうございました」と声をかけられていたのが、印象的でした。

　岩下さんは、そんな家庭環境の中で、寂しさをかかえながらも、成長しようと1年間本当に努力をしました。

　右の写真は、岩下さんが書いた「成長ノート」の一部です。

　7月には、「私は今まで発言していませんでした。ということは、『新しいアイデアを出していない』という事になります。それを聞いて、ちょっ

とドキッとしています。なので、一つでも多くのアイデアを出していきたいと思います。」と、書いていました。

9月には「明日は一つでも発表できるようになりたい」と、はっきりとした決意を書いています。

岩下さんは、周りの様子を気にしてしまって、思っていることを発言できなくなるタイプの児童でした。その自分の弱点を理性的に整理して、それを克服したいとがんばっていました。

そんな自分と向き合う努力を重ねながら、2月には「このとうろん、私は最初、みんなについていけなかったけれど、今は加速しているようです。このスピードにのってＳＡ*（スーパーエー）へと進んでいきたいです。」と、自身で手応えを感じるまでになってきました。

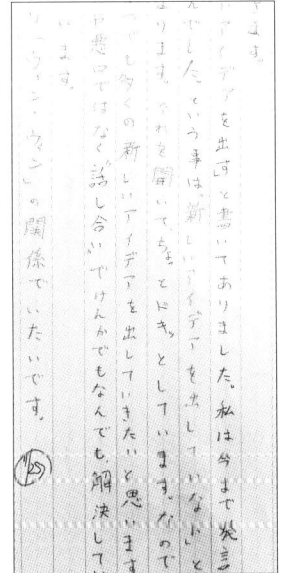

▲7月

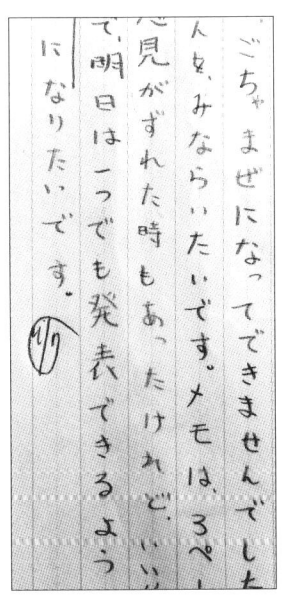

▲9月

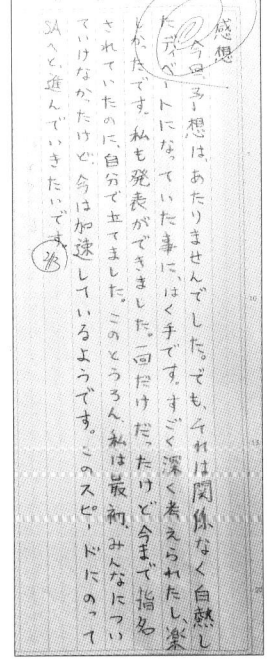

▲2月

＊ＳＡ（スーパーエー）＝3段階評価の
　Ａの上の特に優れていること。

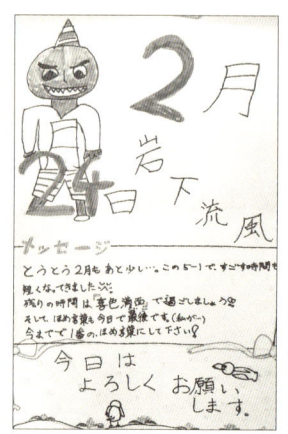
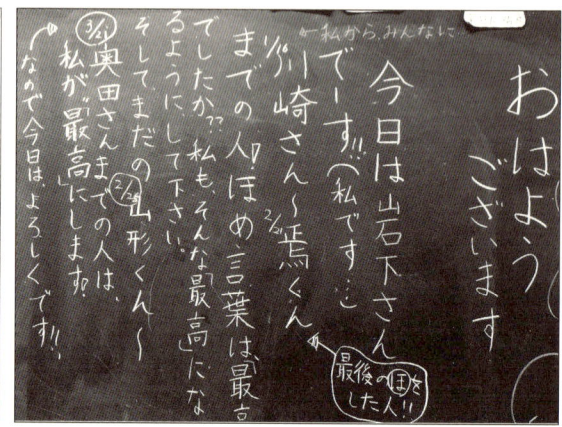

　そして、2月24日に5巡目の「ほめ言葉のシャワー」を迎えることになりました。その日に向けた岩下さんのがんばりは、目を見張るものがありました。その日のために作った「日めくりカレンダー」が左上の写真です。「今までで1番の、ほめ言葉にして下さい！」と書いています。

　さらに、前日、下校する前に、岩下さんが教室の黒板に書いた内容が右上の写真です。「1/16川崎さん〜2/21焉（えん）くんまでの人！ほめ言葉は最高でしたか？？私も、そんな「最高」になるようにして下さい。」と、書かれています。自分を表現できるまで成長してきた岩下さんの、「ほめ言葉のシャワー」にかける強い意気込みが伝わってきました。

　朝の会の中で、「質問タイム」という取り組みをしています。別名を「ミニライフヒストリー」といって、「ほめ言葉のシャワー」を浴びるその日の主人公に、全員が質問する活動です。バラバラのことを質問するのではなく、最初の質問の答えに関連した質問を続けていきます。どんどん掘り下げていくことになりますから、主人公のことを深く知ることができます。

　子どもたちは、同じクラスの友達でもお互いのことをよく知らないものです。おとなしい女の子と元気のいい男の子とでは、1日の中で一言も言葉を交わさないこともあるでしょう。

　この朝の質問タイムを毎日行うことで、お互いのことを多面的に理解し合うことができます。それによって、コミュニケーションの土台でも

ある温かい人間関係が築かれていきます。安定した温かいコミュニケーション力が、学級の中に確実に広がっていきます。

　岩下さんは、将来、寄付をするとか、ボランティアをするといった福祉関係に関心をもっていますが、クラスの友達も、それを軸にした質問を続けています。前の児童が言ったことを受けて、さらに深めていけるように質問も出ています。

　「質問タイム」の感想を岩下さんは、つぎのように述べました。「今回5巡目で、レベルアップしたものがたくさんあると思います。私は、(すべての質問に)答えられるか、というのが今まで不安だったんですけど、思っている以上に答えられました。私の想像力が広まって、成長したと思いました。」と、クラスの質問の質的な向上を喜びながら、それに答えることができた自分の成長の手応えを感じ、素直に表現しています。

　岩下さんは、この日の帰りの会での「ほめ言葉のシャワー」の最後に、つぎのように感想を述べました。「私は、1年生のときまで、周りからの目線で不安なときがたくさんありました。でも、このほめ言葉をやることによって、みんなからよいところをたくさん言ってもらえて、すごく心の解放もあったし、自信ももてました。それをもたせてくれた皆に感謝しています。ありがとうございました。(中略)また、黒板に『最高にして下さい』と書いていました。そして、今回最高になりました。明日

の2月25日の山形君から3月21日の奥田さんまでを最高にしたいです。私一人ではなく、5年1組の皆で最高にしたいので、よろしくお願いします。」

「私一人ではなく」、「5年1組の皆で」という言葉を、改めて噛みしめたいものです。

その日の連絡帳には、「ほめ言葉、最高でした！『幸』の一言です！！」と、記されていました。相当、うれしかったのでしょう。私にとっても、「最高」の1日でした。

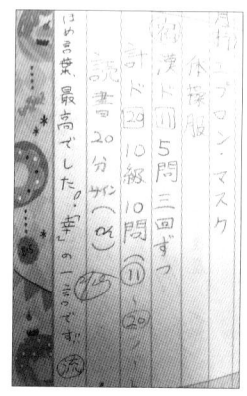

5年生も残りわずかになった3月10日、「5年1組を漢字一文字で表すと」という学習をしました。岩下さんは、「豊」の字をあげました。「『豊』を調べると『おおらかでゆったりとしている様子』とありました。5年1組は、みんなこせこせしないで気持ちが大きく優しいと私は思ってます」と、その理由をまとめました。

こうした一連の記録を見てみると、周りを気にして自己表現ができなかった岩下さんが、自分の中の課題とそれに対する努力をていねいに積み重ねてきているということがよく分かります。安心できる教室の中で、自分を大きく成長させていきました。

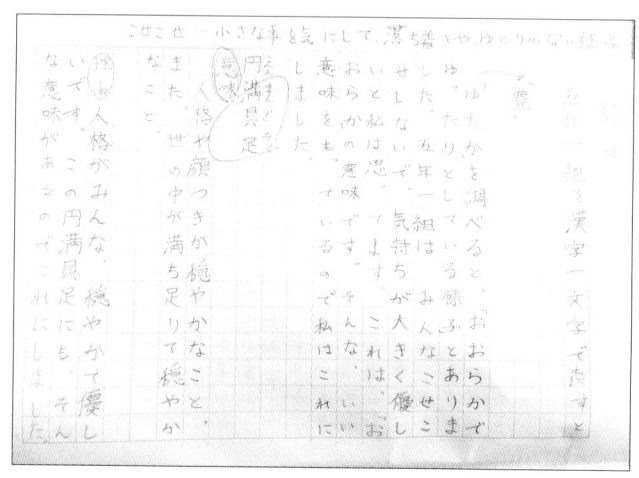

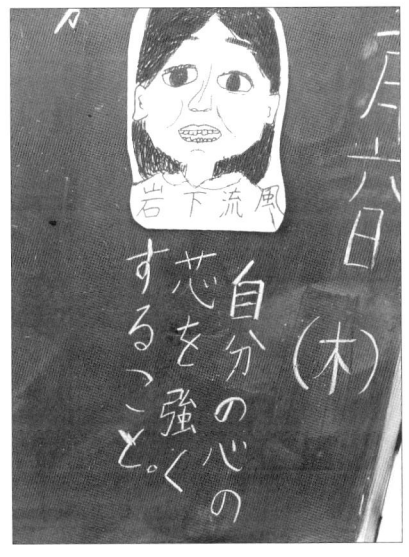

「リバウンドしないでSAのその先に行くために
大切なこと」として、岩下さんが黒板に書いたこと。

第2章 動画で見る 菊池学級の子どもたち ◆

第2章 動画で見る 菊池学級の子どもたち scene05
質問タイム－すべて「はい」

平成25年度福岡県北九州市立小倉中央小学校5年1組
深田祐真君の「すべて『はい』」

　2014年1月の下旬に、朝の「質問タイム」の別バージョンとして、すべて「はい」と答えさせる質問をした映像です。

　朝の質問タイムにしても、ほめ言葉のシャワーにしても、時間がかかってできないという意見をいただくことがあります。

　もちろん、短い時間で、伝えたいことを端的に伝えていくということが大切なのですが、「はい」と「いいえ」だけの返事で進められれば、時間はかかりません。この映像も30人の子の質問にすべて「はい」と答える方法をとっていますが、全体で6分はかかっていません。

　とても面白い取り組みです。質問される子は、すべて「はい」と答えなくてはいけないというだけのルールです。

　質問は、必然的に相手のよさを引き出すものになります。その人が好きになる質問になります。何かの事実を取り上げて、相手を価値付けてあげるわけです。ときには、ユーモアのある質問も出てきます。

　質問されて、素直に「はい」と答えられないものが出てくると、やはり「うーん。でも私は、…」と正直に反応します。するとクラスのみんなは、

「あーあ」と言うわけです。あるいは、あまりにもひねりすぎて「はい」にならなかった質問が出ると、周りの子たちは、そこでも、「あー」となります。

　「はい」と気持ちよく答えられる質問をクラスの全員ができるようになるということは、クラスの中の人間関係ができて、自分自身を自由に表現できる教室になっているということだろうと思います。

● 「すべてはい」の質問集
01　あなたは、「ほめ言葉」で、自分が温かいほめ合いをできていると思いますか。
02　毎週木曜日にいつも「豚カツ食いてえ」とか言っているんですが、その豚カツは好きなんですか。
03　性格は明るい方ですよね。
04　自分は好きですか。
05　あなたのお母さんは給食を毎日ではないと思うんですけど、給食を作っていますよね。その給食を作っていることに感謝していますよね。
06　あなたの背が小さいのは、みんなを笑わせるためですよね。もちろん、とても背を高くできますよね。
07　その面白さだったら、将来テレビ番組に出られますよね。
08　5年1組の仲間でよかったですよね。
09　あなたは、人を笑わせることが好きですよね。この5の1(5年1組)に居なくてはならない存在ですよね。
10　あなたは、質問タイムやほめ言葉のシャワーでユニークな質問ができてかっこいいですね。
11　深田君は「チビのままで結構」とか言って、「チビのまま生きていければ幸せ」とか言っていたんですが、そのままでも幸せですよね。
12　あなたはスーパーエーの道に進んでいますよね。
13　深田君のいつもの寝癖は直してないんですよね。

14 いつもドッジボールをしていますよね。
15 あなたの字はいきいきとしていますね。
16 あなたは、前に「スーパーエーの先へ」という名言を作ったんですけど、このクラスでいちばん頭がいいですよね。
17 あなたは、このクラスのムードメーカーですよね。
18 あなたは成長して自己開示ができるから、僕と大貝君には至らないんですが、イケメンですね。
19 このクラスで「お笑いトリオ会社」でお笑いをしているのは楽しいですよね。
20 今こうやって笑いながら質問タイムをできるのは楽しいですよね。
21 「スーパーエーの先へ」って言ってるじゃないですか。6年生までには、スーパーエーにいけますよね。
22 クラスの中でいちばんおもしろい人だと思いますよね。
23 心の成長もあるんですけれど、背が高くなる成長もほしいですよね。
24 お笑いトリオ会社の中でいちばんおもしろいと思いますよね。
25 もし柊羽君が食べれるなら、料理して食べてみたいですか。
26 木曜日か水曜日ぐらいにだいたい4時間目ぐらいに白菜漬が食いたいとか変なことを言っているんですが、漬物が好きなんですか。
27 あなたは、このクラスでいちばんがんばる人ですよね。

28 あなたの笑いは、世界に勝てますよね。
29 あなたは、4年生の頃みたいに宿題を忘れていませんよね。
30 あなたは、笑いのときに無邪気ですよね。

● **深田君の「質問タイム」の感想**
　深田君は、この日の質問タイムに対する感想を三つ述べました。

　一つ目は、身長に対する質問があったのですが、どうにか持ち上げていい質問にしていたのでよかったと思います。
　二つ目は、「はい」という新しい質問でしたが、「いいえ」という質問が出なかったので、このクラスは成長しましたね。
　三つめは、柊羽君を豚かつにしようという面白い質問があったので、そういう面白さの質問は、ぼくの緊張をほぐしてくれたのでよかったです。
　ありがとうございました。

いつも明るく元気な深田君

第2章 動画で見る 菊池学級の子どもたち scene06

白熱の「話し合い活動」

平成25年度福岡県北九州市立小倉中央小学校5年1組
「なりきりインタビュー」で「話し合い活動」

　私は、さまざまな場面で話し合い活動を取り入れていますが、これは、小学校5年生の国語教科書（光村図書版）の物語単元「わらぐつの中の神様」を扱った際の話し合いの様子です。

　私は、話し合いが成立するためにはつぎの3つが欠かせないと考えています。

> ①学級の人間関係
> ②話し合いの技術
> ③話し合いのねらいや目的

　中でも、①の人間関係ができていないと、話し合いは成立しません。したがって、これまで見ていただいた「ほめ言葉のシャワー」や「質問タイム」、「係活動」などをとおして、土台となる人間関係づくりをすることを大切にしているわけです。

　信頼できる人間関係が土台となって、自分の意見や気持ちを素直に出

すことができ、深い学びができるようになってくるのです。私は常々、「人と意見を区別する」ということを子どもたちに指導しています。意見をたたかわせ、本気でぶつかり合うような場面は、人間関係が土台としてしっかりあるということが、何よりも大切なのです。

　ここでは、「なりきりインタビュー」という方法で、話し合いをしています。文字どおり、物語の登場人物になりきって、インタビューを受ける活動です。自分の意見をなかなか発表できない子どもも、登場人物の人格を演じることで、とても話しやすくなります。

　全体の読みが終わった単元の最後に行うのが効果的です。
　「なりきりインタビュー」の進め方は以下のとおりです。

①4人のグループを作る。
②自分の演じる登場人物を決める。その際は、全員が違っていてもよいし、重なっていてもよい。
③「よろしくお願いします」の挨拶と拍手でインタビューを始める。
④質問をされる子は、登場人物になりきって(声をまねしたり、身振りを交えたりするのも面白い)、3分間、ほかの3人からの質問に答える。
⑤3分間で終了。「ありがとうございました」の挨拶と拍手でインタビューを終える。
⑥つぎの人に交代して、インタビューを再開する。

　登場人物になるというきっかけで、読みがさらに深まっていきますが、当然、それまでのしっかりとした読み込みが必要です。登場人物や背景を正しく読み取ったうえで、人物の性格、心の変化といったものまで読み込めていて、質問に的確に答えられるようになります。
　また、インタビューする側も同様です。ときどき、物語とは全く関係のない質問をしてしまう場合があります。質問の内容は、物語の内容に即したものになっているかどうか、教師はきちんと指導する必要があります。

このグループの「なりきりインタビュー」では、こんなインタビューがされました。

質問　どうして雪げたが欲しくなったのですか？
おみつさん（川崎さん）　今まで欲しいものはなかったのですが、雪げたに一目惚れしました。こんなのを履いて可愛くなりたいと思って欲しくなりました。
質問　雪げたのいちばん可愛いところはどこですか？
おみつさん（川崎さん）　ちょっと赤くて、周りのみんなとちょっと違うところです。
質問　わらぐつの中に、本当に神様はいると思いますか？
おみつさん（川崎さん）　思っています！
質問　雪げたが「わたしを買ってほしい」と呼びかけていたと思いますが、それは幻だと思いますか？現実だと思いますか？
おみつさん（川崎さん）　幻だと思うんですけど、私の心の中では現実です！
質問　お孫さんには、大工みたいな人と結婚してほしいですか？
おみつさん（川崎さん）　是非！是非、そのような人と。

　しっかりした物語の読み取りのうえに立った質問と答えが交わされていると思います。
　最後に、話し合いの感想を言い合っている場面で、左手前の男の子が、途中でやめましたが、おばあさんのものまねをしながら話し始めていますね。「なりきりインタビュー」で、おばあさんになりきった余韻が残っていたのでしょう。自分を堂々と表現できる、安心の教室を創り上げていきたいものだと思います。

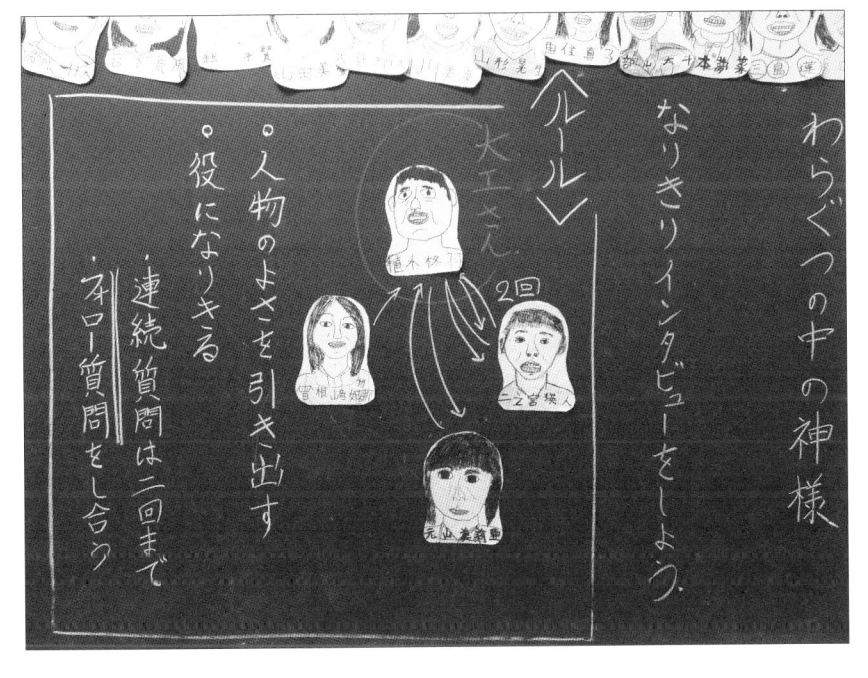

わらぐつの中の神様

なりきりインタビューをしよう。

〈ルール〉
・人物のよさを引き出す
・役になりきる
・連続質問は二回まで
・フォロー質問をし合う

第2章 動画で見る 菊池学級の子どもたち scene07
ディベートで相手のよさを見つける

平成26年度福岡県北九州市立小倉中央小学校6年1組
ディベート「小倉中央小学校にジュースの自動販売機を設置すべきである」

　ここでは、話し合い活動の一つである「ディベート」の様子をご覧いただきます。
　これは、2014年6月17日に国語科の時間の中で行ったディベート大会の3位決定戦です。
　ディベートというと、特別な話し合いをイメージしたり、勝ち負けを競い合うということからややネガティブなイメージをいだかれる方もいらっしゃるかもしれません。
　私がディベートと出会ってから、もう20年以上の時間が経ちました。
　簡単な自己紹介もできない子どもたちに出会い、コミュニケーション力をつけさせることを本気で考え始めた中で、ディベートを知りました。「最初にディベートありき」ではなくて、子どもたちの進化や成長に必要だったので、ディベートに近づいていったという感じです。
　ディベートは、話し合いの基礎的な力を作っていくのに有効な方法です。ルールのある話し合いだと考えていただければよいと思います。つぎの2点が、ディベートで育てたい力です。

・感情的にならず、人と論を区別する
・相手を尊重しながら話し合うことができるようにする

私が教室で行っているディベートの基本的なルールは、以下のとおりです。

・論題(話し合うテーマ)が決まっている
・立場が2つ(肯定と否定、AとBなど)に分かれる
・自分の考えとディベートをするうえでの立場とは無関係である
・肯定側立論→否定側質疑→否定側反論→否定側立論→肯定側質問
　→肯定側反論→判定
　という流れで行われる
・立論・質問・反論できる時間は決まっている(今回は全て1分)
・勝敗がある

　今回は、子どもたちを4人で一つのチームに編成しました。4人にすると、立論・質問する・質問に答える・反論と、全員の子どもが参加できるようになります。
　そして、「相手チームのよさを見つけながら、ゲームを楽しもう」というねらいのもと、「小倉中央小学校にジュースの自動販売機を設置すべきである」という論題について、肯定側と否定側に分かれて議論をしました。
　一つの大会の中では、論題は変えません。立場は、基本的には対戦ごとに変えます。メタ的な思考力を鍛えたいと考えていますので、論題を変えると、子どもの内容に関する負担が当然大きくなりますから、論題を同じにしているのです。質的な精度を上げたいと思っています。
　この日の3位決定戦にたどり着くまでに、さまざまなドラマが教室で繰り広げられました。この前の週に行った準決勝では、負けたチームの女の子が泣いていました。判定の前に泣いていました。つまり、勝ち負

けではなく、「全力でやった。だけど、自分の力不足がくやしい」といった気持ちだったのだろうと、私は思いました。「美しい涙」だと思います。勝負にこだわるのではない、成長のためのディベートに取り組んでいる私にとって、うれしい子どもの姿です。

　週が明けて、3位決定戦を行った火曜日には、くやし涙を流した女子も含めて、皆が笑顔で、ディベートに取り組みました。

　この3位決定戦の中で議論されたことは、大要、つぎのとおりです。

①肯定側立論
　脱水症状を起こさないようにするためには、一日2リットルの水を飲む必要があるが、学校にそれをもって来るのは少々困難だ。

②否定側質疑
　否定側：脱水症状を防ぐには、水道水を飲めばよい。
　肯定側：水道水は、ばい菌がついている。
　否定側：ばい菌がついているというが、水道水を飲んでいても病気にはなっていない。どうして、そのようなことが言えるのか。

否定側の質問をする常君（右）

否定側の反論をする毎熊さん

肯定側：将来、起こるかもしれない。
否定側：なぜ、そう言えるのですか。答えられませんね。

③否定側反論
　お茶が足りなかったら買えばよいと言うが、水道水を飲んでいても元気なので認められない。また、水筒のお茶だけを飲んでいても脱水症状にはなっていないので、一日2リットルの水を飲まなくてはいけないという意見は認められない。

④否定側立論
　缶ジュース1本のカロリーは、ご飯お茶碗3.1杯分。糖分は30グラムも入っている。糖分の取りすぎで、歯が溶けたり、心臓発作、糖尿病、肥満になるなど健康に悪い。

⑤肯定側質問
　肯定側：歯が溶けるというのは、都市伝説ではないのか。
　否定側：ここをお読みください（資料を示す）。

肯定側の質問に答える下堂薗君「ここをお読みください」

⑥肯定側反論

　外国のデータが示されていた。「小倉中央小学校にジュースの自動販売機を設置すべき」かを議論しているので、国内のデータを見ないとだめだ。水道の蛇口が上を向いているので、ばい菌が入りやすい。

⑦判定

　このディベートは、否定側が勝ちました。

　この中では、②で否定側の質問をした常君（中国にルーツをもつ子どもです）と、③で否定側の反論をした毎熊さんの反論は、見事でした。「相手に一撃を与えた」という印象をもちました。

　子どもたちは、ディベート学習を経験することにより、話し合いの意味や進め方などに対して、理解を深めることができるようになります。ディベートをとおして、どのような主張がよいのか、意見や質問などの発言の仕方はどうすればよいのかといったことが、身につくからです。

　子どもたちがこの「ルールのある話し合い」を何度か経験すると、決まったことには、たとえ自分の考えとは違っていてもしたがおうとします。「平等に意見を言う機会があって、お互いにがんばって話したのだから」

「決められたルールの中で決まったことだから」という考えに立てるようになるからです。

　それが、普段の話し合いの場でも生かされるようになります。そして、自分自身を積極的に表現できるように育っていくのです。

　3位決定戦が終わったあと、写真のように、互いに健闘をたたえ合い握手をする光景が、教室にはありました。

　ディベート大会を終えた後の子どもたちの感想の一部です。

・改めて考えると、「ディベート」は成長できる場を作ってくれる。私にとって欠かせない勉強だと思いました。
・学んだことで一番大切だと思ったことは「三角ロジック*」にしました。理由は、立論を考えました。その時に、ラベル→理由→データがとても大切だったからです。あと、反駁のときにも三角ロジックの理由とデータが必要だったからです。
・試合が終わった後が、一番大事で意識しないといけないところじゃないかなと思います。サッカーで試合が終わった後、みんなでミーティングや反省会をして次に向けていろんなことをやっています。それと同じで、どんなことでも試合より終わった後が大事ということが分かりました。

*三角ロジック＝ディベートの基本的な思考法。

第2章 動画で見る 菊池学級の子どもたち scene08

「係活動」で自分らしさを発揮する

平成25年度福岡県北九州市立小倉中央小学校5年1組
係活動「ダンスバトル」

　ここでは、平成25年度の福岡県北九州市立小倉中央小学校5年1組の係活動の一つを紹介します。

　菊池学級では、子どもたちを学級目標に近づかせるために、係活動を行います。一般的には、「生き物係」は生き物の世話をする、「遊び係」はみんなで遊ぶ日と遊ぶ内容を決める、というような「定番」の活動が目立ちます。また、係活動と当番活動を混同している場合もあります。これでは、子どもたちにとって楽しくない活動になってしまいます。

　私は、相当な自由度を保障して、一人ひとりの子どもが、もともとそれぞれが好きなことを「係」として活動させることが大切だと考えています。そうすることによって、自分らしさを発揮させ、さらには、その学級独自の学級文化を作ることへとつなげていきたいと考えています。

　本書の10ページの上の写真は、この年の3学期の係のポスターです。「メガネ・コミック」とか「お笑いトリオ会社」、「野球やろうぜ‼会社」などの係のポスターが貼られています。ポスターのまわりには、「自己開示」とか「他己中（自己中の反対語）」、「無邪気でいよう！」などと書かれています。係

活動をすると、自分らしさを発揮できて、それをお互いに認め合って磨きあうことができてきます。自分の得意分野のことをしますから、余計にそれが加速するのだと思います。係活動の場は、成長できる場だと子どもたち自身が感じ取っています。子どもたちも係活動に取り組み、経験する中で、こうした意義を実感できるようになったのでしょう。

　自分の得意分野を係活動としてやるわけですからやる気が出ます。やる気が出るから責任をもって取り組みます。そうすると、工夫や創造性が出てきます。

　単純に「○○係」という名前をつけた活動では、創造性が弱いのではないかと考えました。子どもたちが憧れるプロとか名人とか達人とかをイメージして、人を喜ばせることをミッションとした「会社」というネーミングがよいのではないかと発想してスタートしました。

　この映像は、学級活動の時間に行われた「ダンスバトル」というダンス係同士の「対決」です。

　このときは、クラスに二つのダンス係がありました。「チアガール　ハニー」と「APPLE GANG MAX」という会社名でした。ダンス係という単純なネーミングではなくて、自分たちのイニシャルを織り込むとかの工夫をしています。

　「チアガール　ハニー」は、文字どおりダンスの振り付けがチアリーディング系です。会社の中にチアリーディングを習っている児童がいて、その子が中心になっています。「APPLE GANG MAX」は、どちらかというとオーソドックスな振り付けで、こちらはダンスを習っている児童が中心になっています。

　二つの会社が、よい意味で競い合っています。同じダンス系の会社と

して、共通の課題曲を自分たちで決めて、ほかの係の児童が司会役をしています。黒板には、自分たちで決めた「キレがいいか」「笑顔」「ダンス力」「歌詞にあっているか」「チームワーク」という五つの評価項目が書かれています。自分たちで考えて決めた項目にしたがって、全員で判定をしています。

　中心になる児童は、当然自分が得意で好きな内容の会社を作っているわけですが、メンバー全員がそうだというわけではありません。2学期のときには、男女混合のダンス係がありました。そのときにダンスバトルが始まりました。同じように曲を決めたり、判定する項目を作ったりしていたわけです。そんな様子を横から「何が始まるんだ？」と呆然と見ていた児童がいました。ダンスをやったことがない子にとっては、ある意味、驚きの状況だと思います。最初は、教室の後ろの方で、練習をしている輪の外で遠巻きに成り行きをそっと見ていました。そのうち、ある日の昼休みに、練習している輪に近づいて一緒に合わせるように踊り始めていました。

　私は、その様子を見てほめました。「係活動の目的は、みんなで楽しむということなんだから、できる、できないの気持ちを捨てて、いい意味で、自分を解放して『ばか』になりましょう」と。ダンスをするようなタイプではない児童も、係活動をしている友達の楽しそうな様子を見ながら、変化し進化しているわけです。さらに、その児童の進化に、別の児童も促され成長していくということが教室の中で起こっています。

　当時、教室に貼っていた成長年表の中には、2学期の「第一回ダンス大会　心の解放、ばかになれ」と書かれていて、クラス全体がこの辺りから「ブレイク」し始めたのを感じました。このダンスバトルが行われたのは2月26日です。

　ダンス係を作りたいと最初に言った、チアリーディングやダンスを習っているような児童に対して、私は「あなたが習っていて得意だから、自分が好きだからということだけで、自分のためにする係活動ではだめだよ」と話しました。「みんなが楽しめるということだったらいいよ」と。

　私も、自分の古い頭のままでいれば「ダンス係なんて、何をチャラチャラしたことを学校でやっているんだ」となってしまいます。係活動で子

どもが変わっていくという事実を見てきている私は、「みんなが楽しめて、みんなに役に立つ」ということさえ外さなければ、その内容の自由度は相当程度保障してあげたいと思っているのです。10年くらい前だったら「ダンス？何それ」と、私自身が反対していたと思います。

　1年間係活動を続けていく中で、時間をとってちょっとした隙間の5分でいいから活動の目的をその都度言って聞かせながら取り組みを進めていくと、子どもたちはぐんぐんと変わっていきます。活動に価値があることを改めて感じます。

　ダンス係に限りませんが、活動のスタート段階では、その内容は当然荒削りです。「野生が個性」みたいな感じです。でも活動の中で、本当の自分らしさについて考えたり、自分自身を解放したり、お互いに一つのことを一緒に楽しむという体験の中から、独りよがりではだめだということに気付いてくるのだと思います。それまでやってきたことを振り返りながら、子どもの中に「これっておかしいのかな。少しスタイル変えていかないといけないな」という気持ちが育っていき、自分らしさを見つけて、そんな自分を好きになっていくということですね。

第２章 動画で見る 菊池学級の子どもたち scene09

言葉で育った子どもたちの事実

平成25年度福岡県北九州市立小倉中央小学校5年1組
教師向けセミナー会場での「質問タイム」

　　ここでは、番外編として、教室を飛び出した「菊池学級の子どもたち」をご覧いただきたいと思います。

　2014年3月21日に北九州市内で開催された教師向けセミナーに、私のクラスの児童が参加しました。もうすぐ6年生になる、春休みの期間です。

　このセミナーの終盤、本人たちの希望により、参加者から児童たちへの「質問タイム」が急きょ行われることになりました。スピーチをするよりも、質問をしてもらいたいと、子どもたちが言ったのがきっかけです。

　映像には女の子が4名映っていますが、途中までは男の子1名を加えた5名が参加しました。時間の都合で先に帰りましたので、質問タイムは、女子4名に対して行われました。

　教師向けセミナーですので、会場にいるのは、ほとんどが教師です。一部保護者や一般社会人もいました。いずれにしても、50人程度の大人に囲まれての「質問タイム」だったのですが、子どもたちの堂々とした受け答えは、私の予想していた内容を大きく上回っていました。

4人のうちの左端にいる子は、元山美莉亜さんです。本人も質問に対する答えの中で言っていますが、4年生までは、外見ばかりに興味がいってしまい、周りの子たちとの摩擦がたくさんあったようです。なかなか落ち着けなくて、5年生の最初に出会った始業式の間も、じっとしていられず、ずっと動いていたのを覚えています。

　それまでは、ずっと動いていることに対して、「落ち着きなさい」とか「静かにしなさい」と、絶えず注意をされ、「元山！」と呼び捨てにされ続けていました。心の中でどんどんと人との距離を作ってしまっていたのだろうと思います。

　このような児童に対し、どのようにほめていくかが問われるわけです。まず、教師がほめることで、教師と子どもの関係を作り、それを土台に、子ども同士の人間関係を広げていき、強くしていくということを私は考えています。

　落ち着かない動きも、コミュニケーションの中での見方を変えると、「身振り手振りで、相手に気持ちを伝える」という視点でプラスの価値としてほめることができます。私はそのようにしました。もともと、積極的でリーダーとしての資質のある元山さんは、そんなことをきっかけとして大きく変化しました。摩擦は、指導性へと転換しました。先日の保護者会のときには、保護者の方も自分の子どもの変化と成長をとても喜んでくれていました。

　会場では、大人たちから、つぎつぎと質問が出されました。ここでは、中心的な質問に絞って紹介していますが、全体では約30分間行われました。

　私は、常々、「社会（公）」を意識した子ど

もを育てるということを考えています。学校の役割は、やはりそれに尽きると思うからです。
　初めて出会った大人たちから出される、つぎのような抽象度の高い質問に対し、教室を出た5年生の子どもたちが、淀みなく答える姿を見て、私はみんなの1年間の成長をとてもうれしく思いました。

【質問例】
・菊池先生と関わる前と、関わってからとで、どう変わったと思いますか？

セミナーの様子

・来年は、どんな担任の先生だったらいいなと思いますか？
・どんなときに、菊池先生は自分のことを分かってくれているなと思いますか？
・自分らしさを、見つけられましたか？それを教えてください。

「自分らしさを、見つけられましたか？それを教えてください」という質問に対し、右から二人目の石井朋香さんは、つぎのように答えました。
「私の自分らしさは、『Y語（よーし、やるぞなどのYのつくやる気のある言葉）』が言えることです。4年生までは、『D語（でも、だってなどのDのつくやる気のない言葉）』が多かったのですが、5年生になってからは、失敗しても『よし、やるぞ！』っていう気持ちや言葉を言えるようになりました。みんなが困っていても『よしやろう』と（みんなに）言って、みんなも『じゃ、やろうか』という感じになって、自分が（みんなを）勇気づけられるから、自分が大好きです！」
「自分が大好きです！」と、大人の前で胸を張って言う石井さんの姿に、私も感動しました。

第2章 動画で見る 菊池学級の子どもたち scene10

「ほめ言葉のシャワー」は、心を開ける鍵

平成22年度福岡県北九州市立貴船小学校6年1組
古賀優実さんの「ほめ言葉のシャワー」

　このクラスは、scene02とscene03と同じく、平成22年度の福岡県北九州市立貴船小学校の単学級の6年生です。一クラスだけで、6年間ずっと一緒だった子どもたちです。
　これは、2月15日の「ほめ言葉のシャワー」の映像です。卒業式まで残された登校日は22日という状況です。この日ほめられている児童は、古賀さんといいます。非常にしっかりした子でした。
　このクラスは、前の年の5年生のときに、完全に学級が崩壊した状態でした。「菊池先生の『ことばのシャワー』の奇跡」(著　菊池省三、関原美和子　講談社　平成24年10月刊)という本に詳しく書かれた学級です。
　古賀さんは、同じクラスの女子と、ちょっとした物の貸し借りから、親も巻き込んでのトラブルになってしまった経験をもっていました。どちらかというと被害者の立場でしたが、クラスの中の人間関係がずたずたになってしまったのを乗り越えてここまで来ています。

6年生になって、「心機一転、リセットしてがんばろう」という私の呼びかけに、古賀さんは素直に応えて、一生懸命に変わろう、変えていこうと努力しました。
　そんな彼女は、運営集会委員会という代表委員会を計画・立案して実行する委員会に、以前トラブルになった子と一緒に入りました。二人ともがんばろうとする子でしたから、ともにその委員会の委員長に立候補しました。そして、結果、古賀さんは多数決で落選しました。
　その選挙のあと、私が彼女の方を見ると泣いていました。聞いてみると、「去年のことを思い出してしまって…」と私に言いました。彼女の成長ノートに、「とても、がんばっていたよ」と私は書いたのですが、古賀さんは、「心配かけました。どうしても我慢ができなくて涙を流してしまったけど、私は変わりたいと思います」と書いていました。
　安心する学級ができて、そこで自分らしさを発揮できるようになってきた中での、この「ほめ言葉のシャワー」です。
　古賀さんは、「ほめ言葉のシャワー」というものを、本当に大切にしていました。動画の最後のお礼の言葉の中で言うのですが、自分たちのクラスが崩壊した状態から立ち直って、「ほめ言葉のシャワー」を鍵として、「ほめ言葉のシャワー」によって自分が変わることができたということを、ぐんぐん成長できたことを素直に喜んでいます。幸せを感じているのだと思います。
　古賀さんのふるまいの姿かたちとか、表情とか、目線とか、握手の仕方などを見ていると、やわらかい動きだと思います。

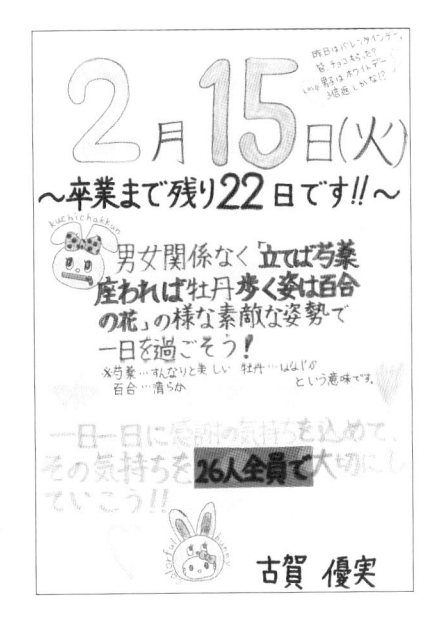

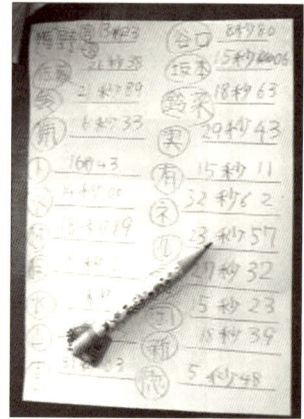

「ほめ言葉のシャワー」をやってきて、私は変わった、みんなも変われた、とってもよくなってる、そうした安心、自信と満足といったものが、やわらかさにでているのだろうと私は思います。

　途中、ストップウォッチを使って時間を計っている女の子が映ります。その子は、一人何秒話したかを計っているのです。端的に相手をほめる、だらだらとした話し方をしないということを、彼女は時間を計るという中で実現しようとしていました。自分たちで自分たちの「ほめ言葉のシャワー」を大事に育てていこうというさまざまな取り組みが、自発的に行われたクラスでした。
「ほめ言葉のシャワー」でほめられている古賀さん以外の子どもたちの様子も見ていただきたいと思います。

　また、教室環境も見ていただきたいと思います。「価値語」が色画用紙に書かれています。一人ひとりが大事にしたいと本気で思っていた言葉です。成長年表にも一人ひとりの成長が刻まれていました。

　価値ある言葉とか、自分を育ててくれる大事にすべき言葉というものに、相当敏感になっていたのだろうと思います。

　古賀さんの様子や話している内容はもちろんですが、子ども同士の聞き合う姿や、先ほども述べたストップウォッチの取り組みなど、このクラスは、私はある意味「学級」というものの完成形ではなかったかと自負

しているのです。

　1年間、言葉を、ほめ言葉を、あるいは価値ある言葉を大事にして、巣立っていこうとする姿でした。

　古賀さんは、最後のお礼の言葉の中で3つの感想を述べました。

　一つめは、クラスのみんなが、短い言葉で端的に、抽象的ではなく具体的に、「ほめる」ことができるようになったと感じていること。

　二つめは、「ほめ言葉」を浴びると心が晴れ晴れとして、心が温かくなること。「ほめ言葉のシャワー」は、心を温かくしてくれるものであり、心を開ける鍵のようなものだと感じていること。

　そして、三つめには、回数を重ねて6回めとなった「ほめ言葉のシャワー」が、みんなでよいものにしようと協力してきたことによって、進化してきたと思っていること、でした。

　古賀さんのこの感想に、私は「ほめ言葉のシャワー」の目的と効果が語りつくされているように思いますし、このように育った子どもたちの姿を誇らしく、うれしく思っています。

　今でも、このクラスで育った一人ひとりのことを思い出し、学級の雰囲気やクラスの温かな人間関係を思い出し、「学級づくり」の一つの到達点としての完成形だったと、しみじみ思うのです。

おわりに

　数か月前、今年の春に高校生になった教え子たちと、ばったり小倉の町で出会いました。
「先生、小学校の時の学級が懐かしいです。安心して教室にいることができました」
「まだ、『ほめ言葉のシャワー』をしているんですか？みんなが言ってくれたので、ものすごく自信がつきました」
「ディベートもやっているんですか？めちゃくちゃ考えないといけなかったから大変だったけどおもしろかったです」
こんな会話を10分ほど楽しみました。みんな笑顔でした。私は、ランドセルを背負っていた小学校時代の彼らと制服姿の彼らを重ね合わせながら、幸せな気持ちにひたっていました。

「菊池学級の動画版を作ろう」という話が出てきたのもちょうどその頃でした。毎週1回集まって行う「菊池道場」でのことでした。「菊池実践を広げたい」という仲間と、朝まで行う勉強会でのことでした。
「菊池学級が目標です。きちんとまとめましょう。そして、より学びをみんなで深めていきましょう」
「コミュニケーション指導は、これからの時代に必要不可欠です。全国に事実で広げましょう」
「先生の講演やセミナーでも動画が流れると会場の空気が変わります。全国の先生方も待っているはずです」
こんな言葉のやり取りが、毎週繰り返されました。

　このようないきさつもあり、この「動画で見る　菊池学級の子どもたち」ができあがったのです。

◆

地方の一公立小学校の一教諭である私にとって、とてもありがたいことだと思っています。
　本著には、菊池実践の中心でもある
・お互いに理解し合う「質問タイム(ミニライフヒストリー)」
・お互いを認め合う「ほめ言葉のシャワー」
・お互いの自分らしさを発揮し合う「係活動」
・お互いを尊重し合う「話し合い学習」
・お互いを成長させ合う「ディベート学習」
を紹介しました。

　今回の出版にあたり、前著作の「コミュニケーション力あふれる『菊池学級』のつくり方」に続いて、中村堂・中村宏隆氏に全面的に協力していただきました。快く引き受けてくださり、最後まで丁寧に仕上げていただきました。
　それらの作業の合間に、
「子どもたちの話している内容を聞くたびに感動して涙が出ました」
「子どもたちの姿から改めて勇気を私がもらいました」
といったお言葉もいただきました。
　ありがとうございました。

　コミュニケーション力あふれる学級が広がることを願っています。
　自分らしさを発揮し合いながら、他者と協力し合って成長し続ける子どもたちが育っていくことを願っています。
　私と出会ってくれた全ての人に感謝しています。
　本当にありがとうございました。

菊池　省三

■著作権上の注意
・本DVD-VIDEOの映像は、児童本人および保護者の承諾を得て、収録しています。
・本DVD-VIDEOの映像は、個人が家庭内で使用することを目的に販売が許諾されており、すべての権利は著作権者に留保されています。これを複製すること、公衆送信(有線・無線の放送を含む)、インターネット上への動画・静止画像の公開、公開上映をすることはできません。
・映像の一部は、撮影時の状況により粗い画質になっています。あらかじめご了承ください。
・本DVD-VIDEO収録動画のうち、「scene08『係活動』で自分らしさを発揮する」は、以下の許諾を得て収録をしています。
株式会社ソニー・ミュージックエンタテインメント
JASRAC V-1402707OK

著者・撮影者紹介

菊池省三（きくち・しょうぞう）

1959年愛媛県生まれ。山口大学教育学部卒業。現在、福岡県北九州市立小倉中央小学校勤務。文部科学省の「『熟議』に基づく教育政策形成の在り方に関する懇談会」委員。毎週1回行う「菊池道場」主宰。

【主な著書】
『コミュニケーション力あふれる「菊池学級」のつくり方』（中村堂）
『小学生が作ったコミュニケーション大事典　復刻版（監修）』（中村堂）
『小学校発！　一人ひとりが輝く　ほめ言葉のシャワー』（日本標準）
『小学校発！　一人ひとりが輝く　ほめ言葉のシャワー2』（日本標準）
『菊池先生の『ことばシャワー』の奇跡　生きる力がつく授業』（講談社）
『学級崩壊立て直し請負人：大人と子どもで取り組む『言葉』教育革命』（新潮社）
他多数。

※すべて2014年7月1日現在

動画で見る
菊池学級の子どもたち
言葉で人間を育てる

2014年8月15日　第1刷発行

著・撮影／菊池省三
発行者／中村宏隆
発行所／株式会社　中村堂
〒101-0061　東京都中央区勝どき2-18-1
黎明スカイレジテル030号
Tel.03-6204-9415　Fax.03-6204-9416
ホームページアドレス　http://www.nakadoh.com

編集協力・デザイン／佐川印刷株式会社
表紙デザイン／佐藤友美
印刷・製本／佐川印刷株式会社

◆定価はカバーに記載してあります。
◆乱丁・落丁の場合はお取り替えいたします。

ISBN978-4-907571-03-0

今、日本中が注目する小学校教師！
コミュニケーション教育の第一人者
菊池省三先生の著作

コミュニケーション力あふれる
「菊池学級」のつくり方
今、求められる教育の到達点がここにある！

- ●菊池省三先生の思想と方法の全体が明らかに！
- ●30年間の教師生活のすべてを一冊に凝縮！
- ●「菊池学級」の一日がわかる160点以上の写真掲載

著　菊池省三／菊池道場
Ａ５判　224p
定価　2,000円＋税
ISBN978-4-907571-00-9

小学生が作った
コミュニケーション大事典 復刻版
幻の名著、ここに復刊！

- ●「菊池学級」の原点！
- ●12歳の子どもたちの「挑戦」！
- ●菊池省三先生の魂の結晶！

平成18年発行時の
A4サイズを見やすい
B5サイズに縮小しました

著　北九州市立香月小学校
　　平成17年度6年1組34名
監修　菊池省三
Ｂ５判　168p　オールカラー
定価　3,000円＋税
ISBN978-4-907571-01-6

株式会社 中村堂

〒104-0054 東京都中央区勝どき2-18-1-930
Tel.03-6204-9415　Fax.03-6204-9416
ホームページアドレス　http://www.nakadoh.com